AF262230

T. 27
n. 17168.

NOTICE
BIOGRAPHIQUE

SUR

Mgr RÉGNIER *(René--François)*

EVÊQUE D'ANGOULÊME,

COMTE ROMAIN,

Prélat, assistant au trône Pontifical,

Nommé

ARCHEVÊQUE DE CAMBRAI,

LE 18 MAI 1850.

ANGOULÊME

Imprimerie et Lithog. de H. Hubert.

Rue Chandos 3.

1850.

ANGOULÊME

IMPRIMERIE H. HUBERT

Rue Chandos 3

NOTICE

BIOGRAPHIQUE

SUR

Mgr RÉGNIER (*René—François*)

EVÊQUE D'ANGOULÊME

Nommé

ARCHEVÊQUE DE CAMBRAI.

LE 18 mai 1850.

Quand la réputation d'un homme aussi
élevé par le ministère sacré dont il est re-
vêtu, que par les qualités et les vertus émi-
nentes qui le recommandent aux hommages
et à la vénération de tous, est parvenue jus-
que dans les plus humbles demeures, c'est
sans doute que cette renommée est auss
grande que pure et justement acquise. Qu'il

nous soit donc permis à nous, quelqu'obscur que soit notre nom, de redire ici les titres de Monseigneur Regnier, évêque d'Angoulême, à notre respectueuse reconnaissance, et à nos profonds regrets de voir finir sa mission épiscopale dans notre Diocèse.

L'éloge le plus digne et le plus complet du saint prélat se trouverait dans l'histoire d'une d'une vie déjà longue et si bien remplie; mais obligé de borner notre récit, nous citerons seulement les principales époques de cette bienfaisante carrière, dont tous les instans ont été consacrés à la paix, à la concorde, et au bonheur de ses frères.

Et d'abord faisons connaître comment Monseigneur Regnier, en prenant possession du siège d'Angoulême, en 1842, comprenait l'étendue, la grandeur, et la difficulté des devoirs de l'épiscopat ; nous dirons ensuite comment il a su les remplir.

« Ambassadeur de Jésus-Christ, écrivait-il, dans son premier mandement, l'Evêque vient répéter et transmettre à la génération avec laquelle il passe les instructions et les préceptes de ce divin sauveur. — Il rappelle aux hommes que de viles cupidités tiennent courbés vers la terre, qu'il est pour eux, une autre félicité que celle des sens, d'autres biens que ceux dont ils se disputent si ardemment la possession ici-bas. »

« Redevable à tous, il étend à tous son amour et ses soins ; mais ces prédilections, comme celles de son maître, sont pour les pauvres, pour ceux qui pleurent, pour ceux que le monde abandonne et dédaigne. »

« Son ministère est un ministère de douceur, de miséricorde et de reconciliation. — Sa bouche ne peut prononcer que des paroles de paix, et ses mains ne s'étendent que pour bénir. »

« S'il vit dans ces temps de tristes dissentions où les passions semblent toujours prètes a faire appel à la violence, il vient l'Evangile à la main, dire à ceux que divisent et aigrissent leurs haînes et leurs ressentiments : Hommes, vous êtes frères !.. Pourquoi vous nuisez vous les uns les autres? *Viri fratres estis ! ut quid nocetis alterutrum*

« Oh ! plutôt aidez-vous mutuellement à porter votre fardeau dans le chemin si court et si laborieux qni vous conduit à l'éternité. *Alter alterius onera portate.*

» Et pour achever de dire ici notre pensée, nous serait-il permis, N. T. C. F. d'emprunter au langage du siècle quelques unes de ses expressions ?

« Homme de tolérance, l'Evêque se prétera à toutes les concessions, à toutes les condescendances qui ne compromettront point les saintes règles ni les vérités sacrées dont le dépôt a été laissé à sa garde et à sa vigilance. Loin de lui les sentiments amers, et les exclusions dans la charité ! *Il n'éprouve qu'une tendre commisération pour ceux qui pêchent par ignorance et par erreur, comme étant lui aussi, environné d'infirmité* ; et ceux même à qui de funestes dissidences empêcheraient de reconnaître et de respecter en lui l'autorité du Pasteur, seraient assurés d'y trouver encore le coeur de l'ami et son affectueux dévoüement.

« Homme de progrès : sans doute, selon la profonde pensée d'un ancien, il ne concevra pas qu'on puisse en matière de religion, se livrer à d'utiles recherches après l'Evangile. Il croira que là où se trouve la perfection, il doit y avoir immobilité, sous peine de déchoir ; et que toute intelligence qui s'éloigne de la foi chrétienne rétrograde,

parceque dès lors elle s'approche de l'in-
différence religieuse et du matérialisme
pratique.

« Mais hors de là, il met au nombre de
ses devoirs d'exciter la recherche de tout
ce qui est vrai et utile, comme à la pratique de tout ce qui est saint. *Fratres ,
quæcumque sunt vera, quæcumque justa
quæcumque santa , hæc cogitate.* Il ne
redoute d'autre science que celle qui per-
vertit et corrompt, d'autres lumières que
celles qui conduisent à l'abîme, les impru-
dens qui les suivent, ou qui incendient au
lieu d'éclairer.

« Homme de liberté ; il travaille à l'affermir,
tout étranger qu'il demeure aux divers sys-
tèmes politiques, en faisant aimer l'ordre,
sans lequel elle est étouffée par l'Anarchie.
—Partout où sa voix est écoutée, il entoure
de respect, l'autorité préposée à la garde

de la paix publique, et par là il en rend l'ac
tion plus douce et le poids plus léger. Le
doctrines de justice et de subordinatio
qu'il prêche, si elles étaient complètemer
suivies, rendraient inutiles les menaces de
lois, et de leur sévérité, si souvent impui:
sante.

« Que l'on ne craigne pas du reste qu
cette influence purement spirituelle qu'e
xerce sur les consciences, le ministère Epi:
copal soit au détriment des pouvoirs à q
appartient le gouvernement extérieur de l
société. — *Tout pontife tiré d'entre les hon*
mes est établi pour les chôses qui se rappo
tent à Dieu. Engagé dans une milic
céleste, il manque à sa vocation s'il s'em
barasse dans les affaires du siècle. Il sor
d'ailleurs de son élément, et perd sa forc
dès qu'il descend dans la sphère où se déba
tent les intérêts terrestres et qu'il entre dan

les dissentions qui agitent le monde. » · ·

« Voilà l'Evêque, N. T. C. F. nous ne dirons pas tel que nous vous le montrerons ; loin de nous une si présomptueuse témérité ! mais tel que nous le concevons. »

Oui ! répéterons nous après cet éloquent résumé dont l'esprit saint et la charité chrétienne inspirent la glorieuse pratique aux Apôtres de la religion ; Oui ! voilà le véritable Evêque, tel que le comprennent le cœur et la raison éclairés par la science, dirigés par la sagesse ; tel que l'histoire des pères de l'église le révèle, et tel enfin que fut réellement Monseigneur Regnier, dont la fidèle ressemblance avec le parfait modèle qu'il nous traçait, était voilée par la plus touchante modestie.

En effet ; ne l'avons nous pas vu successivement traverser presque toutes les phases difficiles qu'il prévoyait, sans manquer un instant, aux nombreuses exigences de ses divines maximes ?

A peine arrivé dans son diocèse, il se livra avec ardeur à l'accomplissement de toutes les bonnes œuvres que lui conseillaient ses sages méditations ; bientôt il accrut le nombre des cures et des succursales, pourvut à celles vacantes ; reconstitua, en l'améliorant, une fraternelle institution de secours mutuels fondée par un de ses vénérables prédecesseurs, en faveur des prêtres âgés, ou infirmes, provoqua une organisation plus étendue et plus efficace des établissemens et des bureaux de bienfaisance, obtint de la piété des fidèles de nombreuses offrandes pour l'entretien des séminaires, prit soin des maisons d'asile, et des Ecoles ouvertes aux enfants pauvres ; fit chaque année de longues et pénibles visites pastorales qui eurent la plus salutaire influence ; enfin ne donnant aucune trève à ses fervens efforts pour le maintien ou la propagation de la foi, pour l'instruction la discipline et la bonne harmonie de tous les membres du clergé, pour l'union et le salut des fidèles, il ne cessa jamais un moment, par ses paroles, ou par ses écrits, par ses prescriptions, ou par ses prières, de répandre autour de lui, tout le bien que permirent à son coeur, les bornes de sa paternelle autorité.

C'est surtout dans ces dernières années que brillèrent de tout leur éclat, les belles qualités de son âme, les vives lumières de son esprit, le charme entraînant de son éloquence, et la douce fermeté de son caractère.

Les passions politiques en agitant quelques paroisses avaient été la source de dissidences religieuses. De déplorables fruits étaient déjà sortis de ces funestes divisions; le mal menaçaît de s'étendre audelà du foyer qui l'avait produit. Mais bientôt la voix persuasive de Monseigneur se fit entendre. —Il ne répondit pas aux injustes attaques, aux insinuations outrageantes, aux affirmations calomnieuses, par de paroles amères et violentes. —*Il ne nous est permis*, dit-il, *d'opposer à ces flots de haîne, que des bénédictions et des prières.*

Et il ajoutait : « A ces hommes qui oublient toute modération, comme toute vérité, dans des agressions que nous n'avons pas provoquées, nous ne dirons pas : *Vous êtes des calomniateurs ;* nous dirons seulement : *Vous vous trompez.* Connaissez nous mieux, vous nous haïrez moins et ne nous insulterez plus. —Défiez-vous davantage des préventions qu'inspirent les passions et l'esprit de parti. —L'histoire de la religion vous apprend comme à nous, jusqu'où peut aller leur injustice et leur aveuglement. — N'accusait-on pas nos pères dans la foi, et ils étaient aussi les vôtres, de dévorer dans leurs assemblées si ardentes de charité, la chair sanglante d'enfans dont on les disait égorgeurs, et de se souiller, eux qui étaient d'une piété si austère, par les plus détestables excès ? »

La modération de son langage, la sagesse et la circonspection de ses instructions, et surtout sa présence fréquente au sein des populations égarées diminuèrent promptement l'intensité de l'erreur, et arrêtèrent ses progrès, partout où elle ne s'évanouit pas entièrement.

Ces premières agitations de quelques groupes isolés de son nombreux troupeau, étaient à peine appaisées, que de nouveaux objets de tristesse vinrent frapper douloureusement l'âme sensible et compatissante du bon pasteur.

La disette fesait sentir sur toutes nos populations laborieuses sa pression cruelle et démoralisante ; chaque jour le nombre des malheureux s'augmentait, et malgré l'ouverture d'immenses ateliers, le salaire du pauvre travailleur ne suffisait plus au prix exhorbitant du pain quotidien de sa famille.

En même temps sur plusieurs points, des épidémies effrayantes exerçaient leurs ravages ; à la complication de tant de malheurs conjurés, se joignait le récit inquiétant de sanglans désordres, enfantés par la misère des contrées voisines.

Profondément ému, à la vue de pareilles infortunes, comme à la prévision des dangers que recelait leur aggravation croissante, le Prélat inspirant de tous côtés la courageuse activité de son ardeur charitable, multiplia partout des ressources nouvelles, des secours et des soins de toute espèce. — Dieu exauçant sans doute les ferventes prières qui s'élevèrent vers lui, le double fléau de la famine et de l'épidémie que le zèle du bienfaisant apôtre avait adouci, disparut enfin, sans qu'au nombre des maux et des regrets, qui nous affligèrent, on eût à déplorer la calamité de collisions fratricides.

Quelque temps après ce nouveau témoignage d'une abnégation, et d'une charité féconde, aussi digne de notre admiration, que de notre gratitude, Monseigneur l'Évêque fit un voyage à Rome, pour y visiter le tombeau des apôtres, et S. S. le Pape Pie IX.

Le souverain Pontife l'accueillit avec la plus gracieuse affabilité, et il lui conféra le titre de Comte romain, et d'Évêque assistant au trône pontifical.

Mgr publia à son retour de ce religieux pélerinage dont il avait pris l'engagement

lors de sa consécration, une instruction pas-
torale que nous regrettons de ne pouvoir trans-
crire — on y trouve une savante description
des catacombes, et de l'architecture religieuse de Rome, suivie de réflexions édifiantes ti-
rées de la comparaison de l'antique civilisa-
tion du paganisme, avec celle du christianisme. — Ce paralléle se termine ainsi :

Oh combien N. T. C. F. Au milieu de cette
Rome payenne insatiable dans ses envahis-
sements, tyrannisée au dedans autant qu'elle
était oppressive au dehors, immonde, et
cruelle dans ses joies, s'élève plus douce,
plus pure, plus libre, plus véritablement
glorieuse, Rome chrétienne !... Elle aussi
elle a ses grands souvenirs, ses nobles mo-
numens, ses triomphes, ses projets d'inces-
santes conquêtes — mais la gloire qu'elle a
toujours ambitionnée, l'intérêt qu'elle ne
cesse de poursuivre, c'est de porter la lu-

mière à tous les peuples, qu'enveloppent encore les ténébres, de consoler et de relever l'homme partout où il est souffrant et dégradé, d'établir enfin par la persuasion et la charité, le règne universel de la vérité, de la justice et de la paix. »

Ce fut au commencement de 1848, que Monseigneur Regnier vint reprendre le cours de sa mission apostolique. — Nous touchions au moment d'une révolution radicale de nos institutions politiques.

Nous venons de voir l'Evêque dans l'accomplissement des devoirs de son saint ministère, pratiquer toutes les vertus, suivre toutes les maximes, obéir à tous les sentimens qu'il avait pris pour guides de son autorité ! Nous avons observé son esprit organisateur, son zèle pour tout ce qui concerne le culte, le clergé, l'instruction et le bien des fidèles , sa sollicitude et *ses soins pour tous, et sa pré-*

dilection dévouée pour le pauvres ; son indulgente tolérance, et sa *commisération pour ceux qui pêchent par ignorance ou par erreur*, sa douce et conciliante modération enversceux là même qui l'outragent ; enfin sa piété entrainante et persuavive , parcequ'elle est vraie, sincère, éclairée.

Il nous reste à considérer le Prélat, comme homme de *progrés, de liberté, et de médiation conciliatrice dans les temps de tristes dissentions politiques.*

On n'a publié aucun fait, aucune parole, aucune manifestation qui puisse faire connaître, de la part de Monseigneur, la plus petite invasion dans le domaine politique. On peut donc assurer qu'il s'est renfermé à cet égard, dans la réserve prescrite par cette sage doctrine que nous avons rappelée d'après lui :

«Tout Pontife tiré d'entre les hommes est établi pour les choses qui se rapportent à

Dieu. Engagé dans une milice céleste, il manque à sa vocation, s'il s'embarasse dans les affaires du siècle. »

De cette sorte d'interdiction politique faudrait-il conclure que le ministre des autels ne dût en rien participer aux progrès sociaux, au maintien et à l'affermissement d'une sage liberté ? — Non certes, et s'il en était autrement ce serait la négation de l'influence civilisatrice de la religion chrétienne qui a proclamé l'affranchissement des hommes, et relevé l'idéal de nos institutions nouvelles. Mais laissons parler là dessus Monseigneur Regnier lui-même, car ce sont ses opinions et ses actes qu'il s'agit particulièrement d'exposer.

A la première élection générale qui suivit la révolution de 1848, il mandait a MM. les Curés, que tous les citoyens étaient dans l'obligation de concourir au scrutin, que ce ne serait pas seulement accomplir un acte de patriotisme, mais aussi un devoir de religion.

« Nous demanderons avec instance, disait-il à celui qui tient les coeurs dans sa main, que devant l'urne électorale d'où sortiront bientôt les destinées de la France, toutes les divisions s'appaisent, que toutes les opinions se concilient, que tous les partis s'éffacent, que toutes les volontés s'unissent dans un sentiment unanime de dévouement au bien public. »

« Nous demanderons que les électeurs suivent exclusivement dans leurs choix l'inspiration de leur conscience ; que les élus de la Nation soient à la hauteur de leur grande et sainte mission, qu'ils aient l'intelligence et la fermeté nécessaire pour réaliser d'une manière complète, dans notre future constitution, la devise qui proclame pour tous : *La Liberté, l'Egalité, la Fraternité*; devise entièrement chrétien à laquelle la Nation tout entière se rallie avec bonheur et qu'elle adopte comme un symbole béni d'ordre, d'union et de force. »

Un autre jour, Monseigneur assistait avec son clergé, la croix en tête, à la plantation de l'arbre de la liberté qu'il bénit ; et au pied duquel il prononça un discours rempli de pensées élevées et généreuses.

« En réservant au clergé sa place au milieu de la grande famille dont il s'honore de faire partie, (disait-il aux autorités et aux citoyens assemblés), vous avez compris ses droits ; vous avez rendu justice aux sentimens qui l'animent et après avoir justifié cette pensée, il ajoutait : l'arbre de la liberté près de la croix, c'est l'effet rapproché de sa cause. Car l'expérience de tous les siècles le démontre : pour que la liberté passe, il faut que le chemin lui soit frayé par la croix, et l'histoire atteste qu'en dehors du Christianisme jamais société humaine ne fut vraiment libre. . . .

«C'est la croix à la main qu'un prédicateur de l'Evangile, un apôtre du Christ, a le premier fait entendre ce cri, répeté depuis à travers les siècles, et que les contrées mêmes qu'accablait le plus dur despotisme ont été forcées d'entendre : *Vous êtes libres, n'acceptez pas la servitude que les hommes voudraient faire peser sur vos âmes !*

L'année suivante à la bénédiction des Drapeaux de la garde nationale, il faisait encore entendre de belles et sages paroles, parmi lesquelles nous ne citerons que celles-ci

«La force armée se fait-elle oppressive?

Est-elle injuste dans ses agressions ? Va-t-elle semer la désolation et les ruines là où régnaient l'ordre et la prospérité ? La religion n'a de prières que pour en demander l'éloignement et la dispersion; elle la regarde comme un de ces fléaux que déchaîne la justice divine quand elle veut punir les crimes de la terre. »

« Mais quand la force n'est armée que pour protéger et défendre ; quand elle engage son action tout entière au service de la justice, de l'ordre public et de la liberté; quand elle n'est menaçante que contre l'anarchie, quand elle oppose aux violences des individus ou des factions une insurmontable barrière : Oh ! alors la religion a pour elle des sympathies pleines de reconnaissance et d'amour, elle l'accueille et la benit comme un bienfait du ciel. »

Mais mettons un terme à ces citations,

il faudrait répéter chacune de ses paroles, si l'on voulait faire connaître toutes les excellentes pensées qu'émit Monseigneur, dans ses discours ; et ce que nous avons pu en rapporter démontre au delà du besoin l'esprit de progrès, d'ordre et de liberté dont il nous apparait constamment animé dans tous ses écrits ou ses actes.

Quant à ces tems de dissensions politiques, dont la prévision avait provoqué à l'avance sa promesse d'un dévouement sans bornes à la paix et à la concorde de ses frères, nous avons été assez heureux, dans nos contrées, pour que nos divisions se concentrâssent dans le cercle d'une polémique sans doute trop passionnée, mais dont le retentissement n'a point ébranlé nos pacifiques populations. --- Certes s'il en eût été différemment, notre excellent Prélat, enflammé par son ardent amour de l'humanité, eût comme l'immortel

Archevêque de Paris, fait avec une sublime abnégation, le sacrifice de sa vie, pour soustraire ses frères aux horreurs de la guerre -civile.

Maintenant que nous avons montré l'Évêque, tel qu'il s'est montré lui-même à nous, dans sa carrière sacrée, il ne serait pas sans intérêt de le faire connaître dans sa vie privée et de le considérer sous le double rapport d'orateur et de littérateur sacré, mais nous devons laisser cette tâche délicate à ceux qui ont eu le bonheur de vivre dans son intimité et à quelque esprit plus capable que le nôtre, d'apprécier d'aussi belles qualités et d'aussi rares talens que ceux offerts à notre faible jugement.

Nous rapporterons seulement sur sa vie privée, quelques faits antérieurs à son séjour parmi nous et nous hazarderons quelques mots sur les impressions que nous avons éprouvées à l'audition de ses discours et à la lecture de ses écrits.

Mgr. Regnier (François-René) est né en 1792 à Saint Quantin, département de Maine et Loire. Lorsqu'il fut élevé à la dignité épiscopale, il avait était douze ans, vicaire général à l'évêché d'Angers;—auparavant il avait rempli pendant sept annnées, les importantes fonctions de proviseur au collège de la même ville, après avoir passé à peu près un même laps de temps, au collège de Beaupreau comme professeur.

Aimé, estimé, vénéré de tous ceux qu l'ont connu, il a laissé dans le diocèse d'Angers, comme il làissera dans le notre des souvenirs qui ne s'effaceront pas plus que les regrets profonds dont il est l'objet.

Ainsi lorsque Mgr Regnier parut parmi nous, il avait été devancé par des voix amies qui en nous exprimant les sympathiques sentimens que lui conservaient ses compatriotes, nous firent entrevoir tout le prix de sa possession dans notre Diocèse --- nous pouvons dire avec vérité, que la haute idée qui nous avait été donnée de son éminent mérite se fortifia et grandit encore à chaque occasion nouvelle que nous avons eüe de l'apprécier.

La première fois qu'il nous fut permis de l'entendre dans une de nos solemnités religieuses, notre esprit ne fut pas moins ravi que notrecoeur fut ému parcettesimple et onctueuse parole, cette abondance de pensées, cette diction pure, cette élégance de style, cette sobriété d'ornemens et de gestes, cette modulation de la voix toujours naturelle, jamais éclatante ou déclamatoire —— enfin cette dissertation, calme et grave, franche et concise qui donne aux discours et aux prédications de Monseigneur un caractère particulier, conforme aux meilleures traditions de la chaire évangélique. Dans les autres discours ou allocutions quelqu'en fut l'objet que nous avons entendu depuis, nous avons remarqué la même richesse de pensées, la même correction, la même douceur de langage, la même argumentation claire, enchaînée, convaincante.

Mais c'est notamment quand il s'est agi de solliciter la charité publique, de prêcher l'union et la concorde des familles et des fidèles entre eux, de dissiper les ténèbres de l'ignorance et de l'erreur, d'invoquer le pardon et l'indulgence du très haut, ou sa haute protection en faveur des malheureux ou des opprimés que l'orateur donnait un libre cours à l'épanchement de sa pieuse compassion, et de tous ses sentimens d'amour et de piété fraternelle. Alors son élocution plus rapide, plus animée pénétrait l'auditoire des émotions qui débordaient de son âme sensible, et l'entraînait comme par une force irrésistible.

En lisant ses écrits, on n'est pas moins frappé des beautés qu'ils recèlent, car sa manière d'écrire s'éloigne peu de celle de parler. C'est la même dialectique, avec la même pureté d'expression ; toujours la même abondance de pensées avec une égale expansion de sentimens, mais un peu moins de développements et d'étendue, d'acord en cela comme en tout, au bon goût et aux bons modèles.

En observant de près, sous leurs formes diverses les différentes émanations du même auteur, on voit bien qu'elles sortent de la même source.— Or s'il n'est peut être pas toujours vrai de dire après Buffon que : *le style c'est l'homme,* on doit reconnaître que l'âme et les moeurs de l'écrivain, ou de l'orateur, impriment aux productions de son esprit, un cachet tout à fait personnel. Une analyse fidèle des oeuvres littéraires de Mgr Regnier serait donc en même temps, une esquisse exacte de son noble caractère.

On y retrouverait son indulgente modération, sa sensibilité exquise, son tendre amour du prochain, son ardente piété, l'inflexibilité de ses principes, son imagination active et pleine d'inspirations fécondes, l'étendue et la variété de son esprit; la rectitude de son jugement, la puissance de sa raison; la constance inaltérable de ses sentimens, de ses prédilections généreuses ou de ses justes antipathies; une foi vive et vraie, et par conséquent la seule éloquence sacrée, celle qu'inspire l'amour de Dieu.

En un mot on y verrait l'empreinte des hautes vertus et des brillantes qualités dont est doué ce nouveau Prince de l'Eglise.

Ici s'arrêtera notre notice. —Ceux à qui Monseigneur Regnier est encore inconnu, ou les misérables qu'aveuglent la malveillance et l'envie regarderont peut-être cette publication, comme un vain panégyrique, fait au hazard et sans preuves. Nous ne répondrons pas aux derniers et nous dirons aux autres que nous n'avons rien écrit que de vrai, rien cité que d'authentique. Nous assurerons même que nous avons laissé de côté plus d'un document précieux, pour ne rapporter que ce qui dépendait déjà du domaine de la publicité — Ne voulant être que l'écho des actes de la vie publique de Mgr Regnier, et de l'opinion des fidèles de son diocèse à son égard, nous nous sommes efforcé de remplir notre tâche avec l'exactitude et l'impartialité de l'honnête homme.

Quelque soit au surplus l'imperfection de cet écrit, nous devons désirer qu'on y voie notre vénérable prélat, comme tous les honnêtes gens le voient, tel qu'il est véritablement, c'est-à-dire digne de la haute autorité spirituelle qui vient de lui être conférée.

Certes ce n'est pas un aussi docte et vertueux apôtre, qui sera déplacé sur le siège archi-épiscopal encore tout resplendissant de la gloire de l'immortel Fénélon, et des célèbres prélats qui lui ont succédé.

Oh ! allez, Monseigneur, vous asseoir avec confiance, à cette place que vous destinait la justice divine ; portez à nos frères du Nord, ces soins affectueux, cette incessante sollicitude, cette ardente charité, cette intelligente tolérance, dont vous nous laissez tant de témoignages ; continuez pour eux longtemps encore cette vie de pieux labeurs et de saint dévouement que vous avez vouée à la paix et au bonheur des hommes.

En répandant les lumières vivifiantes de la foi, les bienfaits et les trésors que votre âme épanche, avec l'abondante fécondité d'une source inépuisable, vous ferez aimer et bénir là bas, comme vous l'avez fait ici, votre divin apostolat, et nous essaierons de nous consoler de votre absence, en pensant à l'accroissement de votre gloire.

E. D. M

Angoulême. —Imp. et Lith. H. Hubert.